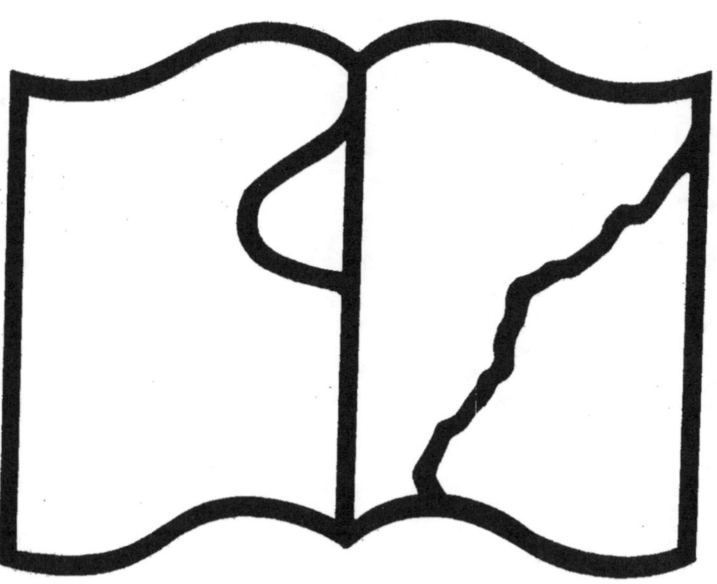

Texte détérioré — reliure défectueuse

NF Z 43-120-11

**Symbole applicable
pour tout, ou partie
des documents microfilmés**

NOTICE HISTORIQUE

SUR LA VIE ET LES OUVRAGES

DE M. LE COMTE MIOT,

Par M. le baron WALCKENAER,
SECRÉTAIRE PERPÉTUEL DE L'ACADÉMIE ROYALE DES INSCRIPTIONS ET BELLES-LETTRES,

Lue à la séance publique du 9 août 1844.

PARIS,

TYPOGRAPHIE DE FIRMIN DIDOT FRÈRES,

IMPRIMEURS DE L'INSTITUT, RUE JACOB, 56.

1844.

NOTICE HISTORIQUE

SUR LA VIE ET LES OUVRAGES

DE M. LE COMTE MIOT,

Par M. le baron WALCKENAER,

SECRÉTAIRE PERPÉTUEL DE L'ACADÉMIE ROYALE DES INSCRIPTIONS ET BELLES-LETTRES,

Lue à la séance publique annuelle du 9 août 1844.

André-François Miot, comte de Mélito, membre libre de l'Académie des belles-lettres, est né à Versailles le 9 février 1762; c'est aussi au collége de Versailles qu'il a fait ses études : il les termina sous la direction de l'abbé Dufour, dont le souvenir lui fut toujours cher. Miot, avec cette franchise qui caractérise tout ce qu'il a écrit sur lui-même, et sur ses contemporains, avoue que ce fut cet habile maître qui lui inspira le goût du travail et de l'étude, et lui fit du devoir un besoin de tous les jours, une habitude de tous les instants. Pourtant Miot se laissa entraîner dans une autre sphère d'idées que celle où son respectable instituteur avait cru le fixer. Par

1*

ses opinions, surtout par ses illusions, Miot appartint à cette brillante génération du XVIII⁰ siècle, qui, fière de ses conquêtes dans les sciences, et des grands écrivains qu'elle avait produits, doutait de tout, excepté d'elle-même, et de ses œuvres. Mais, heureusement qu'initié dès sa jeunesse à la pratique des affaires, sa précoce expérience le garantit du danger des doctrines qu'il avait embrassées, et lorsqu'après une longue et pénible carrière, traversée par tant d'orages, il mit fin à la vie active, et voulut abriter ses dernières années dans le sein de l'Académie, il put alors se rendre cette justice, qu'il abordait le sanctuaire de l'érudition, avec une conscience pure de toute haine politique, de toute rivalité envieuse; qu'habile diplomate, autant qu'administrateur éclairé, il avait, par de signalés services, bien mérité de son pays, et fait chérir et respecter en lui, chez l'étranger, le nom français.

Cette vie, si pleine et si honorable, qui touche aux plus grands comme aux plus secrets événements de l'histoire de nos temps, mérite sans doute que l'on consacre quelques instants à en tracer une rapide esquisse.

Au sortir du collége, Miot composa sur l'amitié un poëme en quatre chants; il en lut des morceaux dans une société maçonnique (1782) où Frauklin était présent. Le philosophe fut si charmé de cette lecture, qu'il embrassa le jeune auteur, et lui fit éprouver la plus grande émotion de joie qu'il eût encore ressentie. Cependant, Miot ne se crut pas poëte parce qu'il faisait des vers, et jamais il n'eut la fantaisie de livrer son poëme à l'impression; mais le sentiment qui l'avait dicté fut toujours vivant dans son cœur, et, jusque dans l'âge le plus avancé, il triompha des prévisions de la politique, et des froids calculs de l'intérêt personnel.

(3)

Le père de Miot était commissaire des guerres, l'un des
premiers commis de la guerre. André Miot, l'aîné de ses fils,
fut, par lui, destiné à parcourir la carrière dans laquelle il
s'était acquis une haute considération. Pour l'y préparer, il
le fit voyager en France et en pays étranger; et à son retour
il le prit avec lui pour travailler sous sa direction.

Miot fut d'abord attaché, comme commissaire des guerres,
à une division militaire qu'on appelait la division modèle,
parce qu'elle était dirigée par le comte de Guibert. Durant
les crises qui suivirent, en 1789, Miot fut envoyé à Rouen
pour hâter l'arrivée des subsistances dans la capitale. Deux
mois après, de retour à Versailles, il fut témoin de la terrible
insurrection des 5 et 6 octobre, et en obéissant aux ordres
de ses chefs, il exposa sa vie pour garantir la famille royale
des dangers qui la menaçaient. C'est alors que Miot, voyant
se succéder si rapidement des événements si grands et si imprévus, prit avec lui-même l'engagement de consigner tous
les soirs par écrit, les faits et les observations de la journée.
Pendant quarante ans il a été fidèle à cet engagement; ces
lignes, écrites à la hâte, fourniront peut-être un jour des ma-
tériaux importants à l'histoire; non à l'histoire des rhéteurs
et des romanciers, esclave des passions d'un peuple, ou des
préjugés d'une époque, mais à cette histoire impassible, et
inflexible, écrite sous les inspirations d'une âme élevée, et
d'un ardent amour pour la vérité. Miot est un annaliste d'autant plus digne de confiance, que, parmi ceux qui ont pris
part aux affaires publiques, nul n'a moins varié que lui dans
ses opinions et dans ses affections, et qu'il est toujours
sincère, même lorsqu'il cesse d'être impartial. Élevé au sein
d'une famille où il ne trouvait que des exemples de vertus

1*.

domestiques, il se maria jeune avec la sœur du célèbre et laborieux mathématicien Lacroix, et il goûtait par cet hymen, toutes les joies d'une union bien assortie, lorsque la révolution éclata; il en adopta les principes, il eut foi en ses promesses, il en chérit toutes les espérances, mais il resta toujours étranger aux intrigues des partis.

Avec le roi, emmené prisonnier à Paris, et dont la captivité ne devait se terminer que sur l'échafaud, Miot se vit contraint d'abandonner Versailles, où résidait sa famille, et d'aller se fixer dans la capitale. Le comte la Tour du Pin, ministre de la guerre, l'y avait appelé, et Miot continua pendant trois ans à suivre la carrière administrative militaire, d'abord comme chef de bureau, et ensuite comme chef de division sous les divers ministres qui se succédèrent jusqu'au 10 août 1792.

Miot se doutait si peu des complots et de là perversité des factions, qu'il avait choisi ce jour-là même pour aller voir sa famille à Versailles; ce fut à son retour à Paris qu'il apprit qu'on était venu pour l'arrêter à son domicile. Non-seulement il échappa aux actives recherches des sbires de la commune de Paris, mais il eut le bonheur, avant les affreux massacres de septembre, de faire sortir de prison Arcambal, son oncle, commissaire ordonnateur, et secrétaire général au ministère de la guerre.

Quand la fureur populaire se fut calmée, Miot, cédant aux conseils de son père, retourna à ses fonctions; mais, du consentement de Servan, le nouveau ministre de la guerre, Miot donna sa démission de chef de division, pour être simple contrôleur des étapes et convois militaires, place obscure dans laquelle il espérait échapper aux périls toujours croissants auxquels l'exposait son aversion pour les factieux. Le général Beurnonville, en passant au ministère, le contraignit de reprendre sa place de chef de division, et presque aussitôt toutes les craintes de Miot se renouvelèrent lorsqu'à Beurnonville succéda un commandant d'armes, nommé par le parti sanguinaire, qui alors opprimait la France. Miot se serait considéré comme heureux d'être simplement renvoyé, et d'échapper à la proscription par la perte de sa place, mais il fut fort étonné de voir que celui qui était devenu son chef, sans l'interroger sur ses opinions politiques, sans lui parler des siennes, sans exiger de lui ni déclaration, ni promesses, concentra dans sa division toutes les affaires importantes. Miot fut frappé de terreur quand il se vit revêtu de tant de pouvoir, et qu'il eut une si forte part à toutes les décisions. Il ne pouvait se déguiser que la confiance qu'on lui témoignait n'était due qu'au besoin qu'on avait de ses connaissances et de son expérience dans l'administration des choses de la guerre, et que si les armées républicaines éprouvaient quelque revers, ou simplement un échec, le moindre oubli de sa part, la moindre négligence, réelle ou supposée, donnerait lieu à une dénonciation, et qu'aussitôt le ministre, pour son propre salut, l'offrirait comme une victime dévouée à la mort. Une occasion se présenta pour sortir de cette pénible situation, et il en profita.

On avait donné des adjoints au ministre de la guerre. Deforgues, l'un d'eux, fut, à la suite des événements du 31 mai, nommé ministre des affaires étrangères (24 juin 1793). Il proposa à Miot, dont il avait éprouvé l'habileté, de passer avec lui dans ce département, et d'y occuper la seconde place, celle de secrétaire général. Miot accepta, et fut satisfait de la

résolution qu'il avait prise. Aux formes grossières adoptées
dans les bureaux de la guerre, succédaient pour Miot les
traces des usages de la monarchie dans lesquels il avait été
élevé. Deforgues, malgré le parti qu'il avait embrassé, semblait
se complaire à ramener autour de lui la décence et l'urbanité.

Cependant le délire du crime parvint à son plus violent pa-
roxysme; l'atroce faction qui s'était emparée du pouvoir se dé-
chira elle-même. L'ordonnateur des massacres de septembre,
Danton, fut mis à mort par ce tribunal révolutionnaire qu'il
avait créé, et Deforgues, dont il était l'ami, fut arrêté. Le
confident intime du président du sanglant tribunal fut nommé
pour le remplacer, et Miot crut qu'il lui serait cette fois im-
possible d'échapper au sort fatal qui l'avait si souvent me-
nacé. En effet, après cinq mois passés dans les plus cruelles
anxiétés, l'homme ignoble qu'on avait mis à la tête du ministère, dénonça, comme des modérés dont on ne pouvait trop
tôt se défaire, le secrétaire général et ceux qui occupaient
les principales places dans ses bureaux. Des mandats d'arrêt
furent lancés contre Miot, Reinhart, Otto et Colchen. Le
lendemain matin, tous les quatre furent réunis par leur dénon-
ciateur, qui leur annonça leur destinée avec un sourire infer-
nal, un son de voix altéré, et des traits bouleversés par la rage
et par la peur; puis il sortit pour se rendre en toute hâte à
la commune de Paris. Ce jour était le dernier du pouvoir de
cette commune, et de l'horrible règne de la Terreur, c'était
le 9 thermidor. Comme rien n'avait encore remplacé le gouvernement qu'on venait d'abattre, et que la seule chose qui fût
bien organisée était l'approvisionnement de l'échafaud, les
stupides satellites auxquels avaient été délivrées les expédi-
tions de l'ordre d'arrêter Miot et ses collaborateurs, se

croyaient obligés de mettre cet ordre à exécution, et il fallut à ceux-ci la protection d'un chef de bureau pour n'être pas arrêtés.

Quand Miot n'eut plus rien à craindre pour sa vie et sa liberté, il s'occupa de hâter la délivrance de Deforgues, comme il avait fait à l'égard d'Arcambal. Dans toutes les crises salutaires de nos révolutions, nous ressemblions tous à d'infortunés navigateurs ballottés d'écueils en écueils, sur une mer furieuse et inconnue, qui, lorsqu'un flot sauveur a relevé le navire couché sur le flanc, tendent la main à ceux qui n'ont pu s'y maintenir, et luttent encore sur l'abîme.

Miot fut nommé commissaire des relations extérieures, c'est-à-dire, ministre des affaires étrangères, par le nouveau gouvernement. Il seconda ce gouvernement avec un zèle ardent. Les études auxquelles il s'était livré lui donnèrent la faculté de rendre alors d'éminents services. Il ne put refuser son admiration à ceux auxquels fut alors confiée la conduite des affaires, « à ces hommes, dit-il, qui, sans avoir la confiance de la nation, ni même la confiance de l'assemblée qui les avait nommés, surent, par leurs talents et leur patriotisme, organiser partout la victoire, terrasser les factions de l'intérieur, conclure des traités de paix avec la Prusse, la Hollande, l'Espagne, la Toscane, et replacer ainsi la France, puissante et glorieuse, dans le droit public de l'Europe. » Il crut que la constitution décrétée sous de tels auspices, pourrait être acceptée par tous, comme elle l'était par lui-même.

Miot avait alors trente ans, et, fatigué par d'incessants travaux, il désira voyager, et profiter ainsi de la paix à laquelle il avait tant contribué. Il demanda à occuper dans l'étranger un poste diplomatique. Le Comité de salut public lui laissa le choix ; il choisit Florence, et il fut ainsi le premier ministre plénipotentiaire en résidence chez un souverain étranger, qu'ait envoyé la nouvelle et redoutable république. On s'était fait alors en Europe la plus fausse idée des Français qui avaient mieux aimé affronter la mort, que d'abandonner leur pays ; surtout de ceux qui, comme Miot, avaient pris part aux affaires publiques ; et l'on fut agréablement détrompé à la cour du Grand-Duc, en voyant, dans le nouvel envoyé de France, un homme assoupli aux manières du grand monde, et possédant à fond la science de l'étiquette et les secrets des protocoles. Miot reçut donc à Florence un accueil flatteur. Les hommes illustres dans les lettres, les arts et les sciences, qui, dans cette Athènes de l'Italie, ne font jamais défaut, mirent tous beaucoup d'empressement à cultiver son amitié ; je dis tous, hormis l'inflexible Alfieri.

Miot ne tarda pas à s'apercevoir que ses succès personnels ne profitaient pas au diplomate ; sentinelle vigilante de la France, il conseilla, si l'on voulait rester en paix, de se hâter de renforcer l'armée d'Italie, la plus faible, la plus dénuée, disait-il, de toutes les armées de la république. Quand, au lieu de troupes, de munitions, d'argent, dont il réclamait l'envoi, on lui annonça qu'un jeune officier, dont à peine il avait entendu prononcer le nom durant les troubles de Paris, était nommé pour commander en chef, il en fut consterné. Bientôt Miot reçut une lettre, écrite de la main de ce jeune général, pour lui demander d'être mis au fait de l'état de l'Italie et de la politique à suivre. Miot ne se hâta point de répondre à cette lettre, signée *Buonaparte;* sa demande supposait des succès, et Miot ne prévoyait que des revers. Les grands événements des révolutions naissent le plus

(9)

souvent imprévus de l'égarement général des esprits sur
les vrais intérêts de tous, de l'extraordinaire impéritie de
ceux qui gouvernent, des prodiges de génie et d'audace de
la part de ceux qui veulent les accomplir. Par toutes ces
causes, ils échappent aux calculs des probabilités, aux dé-
ductions de la raison, aux suggestions de la prudence. C'est
parce que Miot connaissait mieux qu'aucun homme en
Europe, et les moyens, et les obstacles, qu'il fut plus
que tout autre frappé d'admiration au récit des journées
de Montenotte, de Millésimo, de Dégo, de Mondovi.
Alors il n'eut plus d'hésitation sur la politique à suivre.
Toutes les puissances de l'Italie, auparavant si rebelles
à ses justes remontrances, réclamaient son intervention.
Naples lui envoya le prince Belmonte Pignatelli, pour né-
gocier un armistice. Accompagné de ce prince, Miot joi-
gnit Bonaparte à Brescia, et le vit là pour la première fois.
Le jeune général voulut avoir avec lui un entretien secret,
avant de donner audience au négociateur italien. Cet entretien fut long. Assailli par une suite de questions sur ce qu'il
pensait du Directoire, des intrigues et des factions qui divi-
saient les deux conseils, de son opinion sur tous ceux qui
étaient à la tête des affaires ou commandaient les armées,
sans en excepter le général en chef de l'armée d'Italie et les
généraux sous ses ordres, Miot s'expliqua sur toutes ces
choses avec franchise, avec brièveté, avec cette réserve que
lui commandaient son titre et ses fonctions. Bonaparte, au
contraire, sans y être invité, ou provoqué par aucune inter-
rogation, mit à nu devant son interlocuteur tout l'égoïsme de
sa fière ambition : il ne déguisa rien de son mépris pour le
gouvernement de Paris, de son dédain pour des institutions

2*

dont Miot avait parlé honorablement, et surtout de sa ferme volonté de ne pas fléchir, de ne pas déchoir. Son langage impérieux et impétueux, incorrect et heurté, mais empruntant une singulière et énergique clarté de métaphores tirées d'objets vulgaires, ses gigantesques conceptions, ses paroles de prédestiné, saisissaient fortement la pensée. Miot fut dès lors convaincu que ce n'était pas seulement avec le cabinet de Paris, dont il ne recevait que des instructions le plus souvent contradictoires, qu'il fallait traiter des affaires d'Italie. C'était là sans doute le résultat que le jeune général s'était promis par cet entretien, à la suite duquel fut rédigé et signé, en moins de deux heures, l'acte d'armistice avec Naples.

Un autre armistice avait été conclu entre la France et la cour de Rome; et Miot, dont l'intervention avait été réclamée, fut envoyé comme ministre extraordinaire pour en assurer l'exécution. Il fit son entrée dans la capitale du monde chrétien, seul et sans troupes, accompagné des artistes français et du chevalier d'Azara, l'ambassadeur d'Espagne à Rome, qui, ainsi que ces artistes, en avaient été expulsés. Cette entrée se fit au milieu d'une foule immense, morne et silencieuse, que la nouvelle de l'arrivée de Wurmser en Italie, rendait malveillante et dangereuse. Cependant Miot accomplit sa mission sans accident, et accrédita près de Sa Sainteté les commissaires français qui devaient recevoir les objets d'art cédés à la France.

Une mission plus pénible lui fut confiée lorsqu'il fut nommé par le Directoire commissaire extraordinaire, pour aller soumettre aux autorités françaises la Corse, abandonnée par Paoli et les Anglais, et livrée au désordre et à l'anarchie.

Miot écrivit au général Bonaparte pour lui demander des conseils, et des secours en hommes et en argent. Il reçut, écrite de la main du général, cette courte réponse : « La « mission que vous allez remplir est extrêmement difficile ; ce « ne sera que lorsque ces affaires seront terminées qu'il sera « possible de faire passer des forces en Corse. Le Corse est un « peuple extrêmement difficile à connaître, ayant l'imagina- « tion très-vive et les passions extrêmement actives. Je vous « souhaite santé et bonheur. » Avec cette lettre, pas un bataill- lon, pas un écu. Cependant Miot ne perdit pas courage : il se rendit dans l'île avec trois cents Corses qui avaient pris du service dans l'armée française et retournaient dans leur pa- trie ; et par sa fermeté, son activité, sa prudence et sa clé- mence, il réprima partout l'insurrection, organisa l'adminis- tration judiciaire et civile, et fit renaître, pour quelque temps du moins, l'ordre et la paix dans cette île turbulente.

Miot avait été nommé ambassadeur auprès du roi de Sar- daigne, et cette nomination avait même précédé de quelques semaines celle de son départ pour la Corse. Lorsque, après huit mois de séjour dans cette île, sa mission fut terminée, il se rembarqua pour aller fixer sa résidence à Turin.

Miot, en quittant la Corse, n'était plus seul comme lors- qu'il y était venu, ni dégagé de toute autre affection que celle de la famille, ni libre désormais de n'avoir à concilier ses devoirs qu'avec ce qui lui était personnel ; Miot avait formé de nouveaux liens, qu'il ne devait jamais rompre. Lorsque, pour la première fois, il était entré dans Ajaccio, les principaux citoyens de cette ville étaient venus à sa ren- contre ; l'un d'eux lui plut dès l'abord, par sa figure douce et ses manières engageantes : plus jeune d'âge que lui de quel-

2*.

ques années seulement, récemment nommé par le Directoire ministre résident près la cour de Parme, il paraissait vouloir parcourir la carrière diplomatique. Miot trouva en lui cette conformité d'idées, d'opinions, de goûts et de sentiments, qui unissent les cœurs et forment les attachements durables. C'est avec cet ami, l'aîné de la famille Bonaparte, que Miot aborda en Italie.

Mantoue était pris; et le vainqueur d'Arcole, après avoir dispersé toutes les armées de l'Autriche, menaçait la capitale de cet empire. Dans l'intérêt de ses opérations militaires, il désirait surtout être en paix avec le Piémont; cet accord entre sa politique et celle que suivait l'ambassadeur de France à Turin, encore plus par conviction que par devoir, fut pour tous deux un motif de fréquents rapprochements et d'une intimité assez grande, pour qu'ils fissent dans la même voiture un voyage de plaisir aux îles Borromées. Dans les entretiens confidentiels qu'ils eurent ensemble, Miot se félicitait toujours de n'avoir point, dans ses fonctions d'ambassadeur, à lutter contre le dominateur de l'Italie; mais il s'affligeait de le voir de plus en plus s'éloigner des principes, qui, selon lui, devaient, dans l'intérêt de la France comme dans le sien, le guider dans sa conduite. Miot était encore plus divisé d'opinion avec le Directoire. Il avait cru devoir éluder l'ordre inhumain qu'il avait reçu de Paris, de persécuter les princesses de la dynastie renversée, en les forçant de quitter l'asile qu'elles étaient venues chercher au sein d'une famille souveraine qui était la leur; et il souffrait impatiemment, que les chefs d'une grande nation envoyassent des agents secrets pour soulever un pays avec lequel ils avaient conclu la paix. Dans un long mémoire, envoyé par lui au Directoire, il avait démontré que si l'on devait forcer toutes les puissances de la Péninsule à agir dans les intérêts de la France, il fallait se garder de renverser les gouvernements par la violence des révolutions. Il prouvait qu'il ne pouvait résulter que beaucoup de mal sans aucun bien, de substituer, en Italie, l'intolérance philosophique à l'intolérance religieuse.

Il fut rappelé et disgracié. A Paris, où il retourna, il retrouva l'ami qu'il s'était fait en Corse, et le frère de celui-ci, le vainqueur d'Italie, malgré lui pacificateur, écarté aussi des affaires par un gouvernement faible et chancelant, dont sa seule présence dans la capitale menaçait l'existence.

Miot compte au nombre des temps les plus heureux de sa vie celui où il était venu résider à Paris, au sein de sa famille, au milieu d'amis intimes, d'hommes de lettres et de savants, la plupart membres de l'Institut, parmi lesquels il comptait son beau-frère. Mais Miot, qui avait représenté dignement la France dans ses fonctions d'ambassadeur, n'avait jamais songé à sa fortune, et ne possédait pas les moyens de jouir en toute sécurité de ses loisirs. Il suppléa à l'insuffisance de ses revenus par des travaux littéraires, et surtout par sa coopération à la rédaction d'un journal politique, intitulé la *Clef du Cabinet*. Il aimait à user de la liberté de publier les vérités qu'il croyait utiles à son pays; liberté dont il n'avait jamais joui, parce qu'il avait été obligé de la sacrifier aux exigences des fonctions qu'il remplissait. Il fut arraché à cette vie de journaliste par François de Neufchâteau, qui, devenu ministre de l'intérieur, lui demanda avec instance de former avec Gallois un conseil du contentieux auprès de son ministère; ensuite Deforgues, nommé ministre plénipotentiaire auprès de la république batave, obtint de Miot de le suivre en Hollande, pour l'aider à terminer une opération financière qui intéressait l'État. Mais avant d'aller rejoindre Deforgues, Miot s'arrêta chez son ami à Morfontaine, et là il apprit le moyen subtil et ingénieux dont on s'était servi pour dérober au Directoire, et à son insu, un ordre au général en chef de l'armée d'Égypte de revenir en France. Muni de ce secret, Miot, en s'éloignant de son pays, emporta du moins l'espérance de voir bientôt changer un gouvernement, selon lui, incapable de diriger la république.

Il ne se trompait pas ; il était encore en Hollande lorsqu'il apprit la nouvelle de la révolution du 18 brumaire. Quoiqu'il pût prévoir qu'elle contribuerait au rétablissement de sa fortune, il en fut profondément attristé. Le Corps législatif, honteusement chassé, la constitution anéantie par la force brutale, dissipaient pour toujours ses rêves patriotiques. Ce n'est pas que, dans les premiers mois qui suivirent cette révolution, Bonaparte, premier consul, ne tînt un langage tout différent de celui que Miot avait entendu de lui lorsqu'il était général en chef ; mais Miot avait trop appris à le connaître pour concevoir, comme beaucoup d'autres, l'espérance de lui voir imiter Washington. Toujours fidèle à ses principes, Miot, devenu membre du Tribunat, se réunit à ceux qui s'efforçaient de restreindre dans ses limites légales le pouvoir exécutif : ils ne voyaient pas, qu'en se constituant les défenseurs de la liberté, dans un temps où l'on était encore si proche de la tyrannie populaire, ils se trouvaient nécessairement confondus avec les hommes réprouvés qui auraient voulu ramener l'anarchie, à laquelle un gouvernement ferme et habile venait de mettre fin. Aussi Miot, après avoir satisfait à sa conscience de législateur et de tribun, n'en servait pas le gouvernement avec moins de zèle et de loyauté. Le nouveau ministre de la guerre, le général Berthier, comme Miot enfant de Versailles, comme lui élevé sous l'ancienne monarchie dans les bureaux de l'administration militaire, l'avait fait nommer, avant même qu'il ne fût de retour de son voyage de Hollande, secrétaire général de son ministère. Après avoir occupé ce poste pendant deux ans, Miot l'abandonna, lorsqu'il fut nommé conseiller d'État. De toutes les dignités dont il a été revêtu, de toutes les fonctions qu'il a remplies, celles de conseiller d'État étaient le plus adaptées à ses goûts, à son aversion pour le pouvoir, à son dédain pour les grandeurs, à son caractère franc et loyal. C'est dans ce conseil que se préparaient alors les lois, que s'agitaient tous les grands intérêts de la France. Il y régnait, dans les commencements de sa formation, une sorte d'indépendance républicaine et une liberté d'exprimer sa pensée, soigneusement bannie ou réprimée dans la presse, dans les discours publics, dans les salons ministériels, dans les assemblées législatives, dans tous les corps de l'État. Ce n'était que dans ces réunions que l'opposition ouverte aux désirs, aux opinions du premier consul, était permise et quelquefois même récompensée. Miot fut chargé des éliminations à faire sur la liste des émigrés, en vertu du fameux arrêté consulaire du 28 vendémiaire an IX, dont l'effet fut de renverser toute cette ancienne législation qui depuis 1793 avait causé tant d'infortunes privées. « Je ne faisais, a-t-il dit, qu'exécuter une loi humaine, et loin d'en restreindre les bienfaits, je me plaisais à les étendre. Jamais occupation ne me fut plus douce. »

Miot bornait donc toute son ambition à cette place de

conseiller d'État, qui fixait sa résidence à Paris, seul séjour qui lui convînt, et qu'il désirait ne jamais quitter;
mais Bonaparte en avait décidé autrement. Il le connaissait
homme d'action, aussi bien qu'homme de conseil. Il lui confia
d'abord une haute surveillance sur tous les préfets, et les
fonctionnaires des départements du Nord et de la rive gauche
du Rhin; mais ces fonctions ne convinrent pas à Miot, qui
les résigna. Bonaparte offrit de lui en donner de plus importantes, que Miot aurait bien voulu pouvoir refuser.
L'introduction des lois françaises en Corse y avait déchaîné
toutes les factions, et paralysé l'action du gouvernement.
Bonaparte résolut de faire rendre une loi pour suspendre
la constitution dans cette île, et d'y envoyer Miot. Celui-ci
résista, et soutint qu'un militaire seul pouvait convenir à
une telle mission. Ce fut en vain. Il fallut qu'il rédigeât lui-
même le rapport sur la loi qui déterminait les pouvoirs
extraordinaires qui allaient lui être confiés.

Bonaparte n'avait pas négligé de chercher à s'attacher celui
auquel il donnait sur son pays natal, une autorité plus grande
que celle qu'il osait alors exercer en France. Dans l'entretien
qu'il eut avec lui, il chercha à le rassurer sur les projets
qu'il lui avait laissé entrevoir en Italie. Il manifesta la plus
ferme résolution de respecter les libertés publiques; mais il
insista sur la nécessité d'une *magistrature nerveuse*, pour
fonder ces libertés. « Nous avons, lui dit-il, fini le roman
« de la révolution, il faut en commencer l'histoire; . . . .
« suivre une autre marche serait philosopher, et non pas
« gouverner. »

Miot fut bien reçu en Corse : le souvenir de sa première
administration avait disposé les esprits en sa faveur; mais il

trouva cette île dénuée de tout, et dans un état déplorable.
La solde des troupes était arriérée, les subsistances, et surtout le pain, y étaient d'une cherté excessive; l'insurrection
partout, l'obéissance nulle part; l'on ne pouvait faire un pas
sans une escorte. Miot profita d'un instant de paix, avec l'An-
gleterre, pour faire venir des blés dans l'île, et la sauver des
horreurs de la famine; il institua des tribunaux composés
par moitié de juges civils et de juges militaires prononçant
en dernier ressort; il leur recommanda l'indulgence pour les
crimes politiques, et la sévérité pour les crimes qui sont
crimes dans tous les temps, dans tous les pays, et sous toutes
les formes de gouvernement. Il ne laissa pas un instant de
repos aux brigands, aux assassins dont l'île était infestée; il
en fit exécuter plusieurs; il réprima les abus de pouvoir des
militaires, et fit repasser en France le général commandant la
division. Cette répression de l'arbitraire, ce retour à la
justice légale eurent les plus heureux effets; et en moins
de trois mois Miot eut la satisfaction de voir les propriétés
respectées, la sécurité renaître, et la confiance dans l'im-
partialité, et la fermeté du gouvernement s'accroître jour-
nellement. Mais il ameuta contre lui tous les concussion-
naires; eux et les adhérents de la famille du premier consul,
qui avaient compté sur lui pour être l'instrument de leurs
passions, le dénoncèrent : les notables corses qui alors se
trouvaient à Paris en grand nombre, et dont il avait refusé
de placer les protégés, se firent les échos de ces dénonciations. Comme Miot ne rendait compte qu'au chef de l'État,
il ne restait plus dans les différents ministères qu'un seul
genre d'affaires à instruire pour ce qui concernait la Corse :
c'étaient les nombreuses accusations envoyées contre l'ad-

3*

ministrateur général. Les rapports auxquels ces affaires donnaient lieu, étaient dressés et expédiés, avec une régularité parfaite et la plus grande célérité. Ainsi tout ce monde d'adversaires que Miot s'était créé, demandait avec instance son rappel, et il le demandait lui-même plus fortement encore. Loin de Paris, il se considérait comme exilé, et les difficultés contre lesquelles il avait à lutter, lui avaient rendu insupportable son éloignement de la capitale. Le premier consul, devenu consul à vie, ajoutait à ses anxiétés, en ne répondant rien à ses lettres, ni aux dénonciations dont il était l'objet.

Une seule chose le soulageait et rassurait sa conscience alarmée ; il aimait la botanique. L'étude de la nature, toujours variée et toujours immuable, a plus que toute autre occupation le privilége de distraire de leurs tristes pensées, ceux que leur destinée attache aux intérêts fugitifs de l'humanité. Miot, pour accroître ses connaissances en ce genre, et se délasser des travaux de cabinet, avait contracté l'habitude de faire des excursions pédestres dans tous les pays où il se trouvait, et pour atteindre un double but, il les multiplia pendant son séjour en Corse. Il eut alors occasion de se convaincre, dans la cabane du pauvre comme dans la maison du riche, que quels que fussent les mécontentements et les clameurs des chefs de parti, la masse des habitants lui savait un gré infini de ce qu'il faisait pour elle. Il était toujours accompagné dans ses pérégrinations du seul homme éminent qu'il eût emmené avec lui de Paris : c'était l'habile jardinier Noisette. Par son secours il était parvenu à doter la Corse de plusieurs végétaux utiles, dont elle était dépourvue. Quarante ans après cette époque, un voyageur se promenant sous de beaux ombrages, dans une place d'Ajaccio, demanda le nom

de cette place; on lui dit qu'elle se nommait la *place Miot,*
et dans son livre instructif il nous apprend qu'après un si
long espace de temps, la Corse garde encore le précieux souvenir de son bienfaisant administrateur. Miot a créé à Ajaccio
un jardin botanique, et institué dans cette ville la première
bibliothèque qui ait été ouverte au public; il y a aussi établi
la première imprimerie. Elle fut la seconde dans l'île, la seule
qui existait avant Miot était à Bastia. Entre ces deux capitales
de la Corse, Bastia et Ajaccio, situées sur deux côtes op-
posées et séparées par de hautes montagnes, il établit une
route de communication assez bonne pour qu'il ait pu le
premier la parcourir en voiture avec toute sa famille.

Il avait écrit qu'il était temps de replacer la Corse sous
l'empire de la constitution et du régime régulier des lois;
et il continuait de solliciter son rappel. Ne l'obtenant pas,
il crut qu'à dessein le premier consul voulait le tenir toujours éloigné, et le chagrin qu'il en conçut altéra sa santé.
Dans une de ses excursions, sur la cime la plus élevée du
Monte d'Oro, en présence des trois personnes, qui seules de
sa nombreuse suite avaient pu surmonter la fatigue et les
dangers d'une telle ascension, il aperçut les côtes de la
France où sa femme venait de retourner avec son fils, pour
y poursuivre l'éducation de ce dernier, et il pleura : par ce
témoignage de faiblesse il prouva bien que s'il pouvait convenir à la royauté de la Corse, la royauté de la Corse ne lui
convenait pas.

Enfin, un acte de sa toute-puissance, qui lui parut simple
et irréprochable (et qui ne l'était pas), lui procura, sans qu'il
s'en doutât, ce qu'il désirait depuis longtemps, la fin de son
exil. Par un de ses arrêtés, il remit à plusieurs cantons de la

Corse les contributions que ces cantons se trouvaient dans l'impossibilité de payer. Le ministre chargé d'assurer le recouvrement des impôts dans toute l'étendue de la république, dénonça au conseil d'État cet arrêté pris sans sa participation, et il détermina le premier consul à mettre fin à la mission de Miot, et à replacer la Corse sous l'empire de la con titution.

Miot s'empressa d'obéir; mais la brusque signification de son rappel, et le silence gardé à son égard, lui donnaient de l'inquiétude. Il fut agréablement surpris quand il apprit, à Paris, que les difficultés de sa position avaient été parfaitement appréciées, et toute sa conduite approuvée. Il se présenta donc avec confiance à la prochaine audience donnée par le premier consul au conseil d'État et aux ministres réunis (cette étiquette avait bien changé depuis son départ). Bonaparte le reçut avec un visage riant, et après quelques questions faites dans le but d'amener, en présence de tous les hauts fonctionnaires, des réponses justificatives, il lui dit : « Très-bien ; mais vous vous êtes brouillé avec les ministres « qui n'aiment pas les administrateurs généraux, et vous « aurez à vous réconcilier avec eux. » Miot s'approcha alors des ministres, et la réconciliation fut faite à l'instant même.

Miot rentra au conseil d'État, et coopéra aux travaux qui avaient pour but le rétablissement de l'ordre, des lois et de la religion en France, et des moyens d'y faire de nouveau jaillir les sources de prospérité, que les révolutions successives y avaient taries. Malheureusement celui auquel était due une si belle et si utile impulsion, au lieu d'y attacher sa gloire, se laissa entraîner par le génie des batailles qui l'avait porté si haut. Le front ceint de la couronne impériale,

Napoléon parut partout en Europe, et y réclama le droit de
disposer à son gré des peuples, des États, des trônes placés
sous la sanction du temps. Dans les efforts qu'il fit pour que
celui de ses frères dont il espérait le plus, consentît à se
rendre le docile instrument de ses ambitieux desseins, il eut
plus d'une fois occasion d'user, à l'égard de Miot, de cet art
de fasciner l'imagination et la raison et de vaincre les répul-
sions, qui ne manquait jamais son effet lorsqu'il voulait y
recourir. C'est ainsi que Miot fut encore enlevé par Napoléon
aux travaux du conseil d'État, et devint successivement
ministre de l'intérieur à Naples, et surintendant de la maison d'un roi en Espagne.

Nous n'entrerons dans aucun détail sur cette partie, la plus
importante et la plus laborieuse de la vie de Miot. Elle est
tellement liée à l'histoire des grands événements de nos jours,
et à leurs causes, que nous croyons devoir nous abstenir d'y
toucher. L'historien dont les récits retracent des temps trop
voisins de celui où il écrit, se heurte aussitôt contre les préjugés et les intérêts contemporains, et dans ce choc violent il
perd toujours quelque chose de l'opinion qu'il doit inspirer
de l'intégrité et de la dignité de son caractère, qui sont les
plus sûrs appuis de l'autorité de ses paroles.

D'ailleurs, le rapport général de Miot sur la situation du
royaume de Naples, présenté au roi le 28 mars 1808, et qui a
été imprimé et publié, est un monument véridique qui cons-
tate tout le bien que Miot a fait durant une administration si courte et si agitée; et quant à son séjour en Espagne,
on peut dire qu'il ne fut qu'un dévouement continuel à
l'amitié, et une suite de sacrifices personnels d'autant plus
douloureux pour lui, qu'ils furent entièrement inutiles. Sans

aucune fonction dans le gouvernement, mais seul Français qui eût entrée dans un conseil entièrement composé d'Espagnols, Miot, jamais, ne put faire changer des résolutions, dont toujours il a prédit les suites funestes.

Lors de la fatale bataille de Vittoria (21 juin 1813), Miot fut renversé avec son cheval, et n'échappa à la mort que par une espèce de miracle.

Rentré en France, il alla rejoindre son ami, exilé par ordre de l'empereur, à Morfontaine, et durant le temps de repos dont il put jouir dans ce délicieux séjour, il reprit ses anciennes occupations littéraires, traduisit quelques dialogues de Lucien, et mit en vers quelques épigrammes de l'Anthologie.

Lors de l'entrée des armées étrangères dans Paris, il en sortit pour suivre son ami, avec le fils de Napoléon et sa mère, quoiqu'il se fût vivement opposé à leur départ.

Durant les revers qu'éprouva la famille de Napoléon, il oublia entièrement ses propres intérêts pour ne s'occuper que de ceux de l'ami dont il avait si longtemps partagé la destinée. Il le vit refuser les garanties qu'il avait obtenues pour lui, avec une peine d'autant plus grande, qu'un tel refus était l'annonce d'une séparation dont il ne pouvait prévoir le terme. En effet, Miot avant tout chérissait sa patrie, et jamais les plus grands périls qu'enfantaient les révolutions, n'ont pu le contraindre à l'abandonner : le seul sacrifice qu'il ait refusé de faire à l'amitié a été de cesser d'être Français.

Après la chute du gouvernement impérial, il se retira dans une propriété qu'il avait achetée aux portes de Paris, à Poulangis, près Saint-Maur. Là il passa toute l'année 1814 et le commencement de celle de 1815, étranger à tous les événements, et uniquement livré à des travaux littéraires. Ainsi il se réfugiait toujours dans la culture des lettres, pour y puiser des consolations contre les tristesses du cœur, et une compensation aux rigueurs de la fortune.

Dès qu'il apprit que le banni de l'île d'Elbe était de retour à Paris, il se rendit près de lui, et, dans le plus long entretien qu'il eût encore eu avec cet homme prodigieux, il ne lui cacha rien de ce qu'il pensait sur l'improbabilité du succès de sa téméraire entreprise ; mais il n'hésita pas à lui offrir de nouveau ses services, et partit pour ranimer le zèle des partisans de Napoléon dans toute l'étendue de la douzième division militaire. De retour à Paris, il travailla, de concert avec son ami revenu en France, à l'expédition des affaires intérieures, tandis que Napoléon, avec son armée, s'avançait dans les champs de la Belgique. Dans cette armée étaient toutes les espérances de Miot, son fils, et son gendre le général Jamin, illustré par de hauts faits d'armes ; son fils, son fils unique, l'aide de camp de son beau-frère, à peine âgé de vingt ans, qui, par son ardeur martiale et la sûreté de son coup d'œil sur les champs de bataille, promettait déjà d'accroître le nombre de cette pépinière de grands guerriers que la France ne cessera jamais d'enfanter pour sa gloire, son indépendance et sa force. Tous deux devaient combattre à la tête des grenadiers de la garde. Ce fut le 23 juin que Miot reçut la nouvelle du dénoûment de ce terrible drame à Waterloo ; il apprit que son gendre avait été tué et son fils grièvement blessé. Bientôt à Poulangis, où Miot s'était retiré avec sa femme et sa fille veuve et enceinte, il vit arriver son fils, couché dans une litière et presque mourant. L'adversité qui poursuivait cette famille désolée, ne semblait pas vouloir encore suspendre ses coups. Cinquante soldats russes envahirent Poulangis et s'y établirent, menaçant ainsi les jours de Miot et de ceux dont la vie lui était plus chère que la sienne, ou lui faisant craindre de se voir arracher par la violence les restes de sa modique fortune. Mais la veuve du brave général Jamin n'invoqua pas en vain auprès d'un vainqueur généreux les droits du malheur ; et sous le toit paternel où elle résidait, un officier fut envoyé par ordre de l'empereur Alexandre, pour commander le poste qui s'y trouvait. Miot, et tous les siens, furent ainsi garantis de toute crainte, de tout dommage, et jouirent à Poulangis d'une sécurité qui n'existait alors nulle part hors des murs de la capitale. Huit jours après, un militaire, revêtu d'épaulettes annonçant un grade peu élevé, d'une figure agréable, aux cheveux blonds, mais rares, quoique encore dans la fleur de l'âge, suivi d'un seul cavalier, entra subitement chez Miot, lui fit deux ou trois questions, échangea ensuite, en langue russe, quelques mots avec celui qui commandait le poste, puis remonta à cheval et repartit au galop. Dès qu'il fut loin, Miot apprit de son hôte que ce militaire était l'empereur Alexandre, qui avait, par un signe, défendu qu'on le reconnût ; il était venu s'informer si les ordres qu'il avait donnés en faveur de la veuve du général Jamin étaient fidèlement exécutés. S'il est vrai que le plus bel attribut de la puissance soit de faire du bien aux hommes, un pareil trait honore plus le caractère d'un grand souverain qu'une bataille gagnée.

Les secours de l'art, et les soins empressés d'un père, d'une mère, d'une tendre sœur, ne purent arracher à la mort le jeune Miot-Mélito ; il expira après six mois de souffrances, au milieu de sa famille éplorée.

Miot, dont le cœur se brisait facilement sous le poids des afflictions douloureuses, ne put supporter le séjour d'un lieu où il avait perdu son fils. Il vendit Poulangis et alla demeurer à Paris.

Ce fut alors que Volney, avec lequel Miot était lié depuis longtemps, lui conseilla de ne plus se borner à recourir à son penchant pour la littérature grecque uniquement pour se distraire, sans aucune vue de publication, et en quelque sorte en amateur ; mais au contraire de s'imposer une tâche longue, forte et même pénible, qui pût, par la constante application qu'elle exigerait, l'arracher au sentiment de ses peines, et ranimer son courage.

Ce conseil fut suivi, et Miot entreprit la traduction d'Hérodote. Ce fut encore Volney qui lui fit donner la préférence à cet historien ; et le motif qui fit agir l'auteur des *Recherches nouvelles sur l'histoire ancienne* en cette occasion, n'échappera pas à ceux qui sont initiés à la polémique littéraire de la fin du dernier siècle et du commencement de celui-ci. Mais à part cette considération, ce choix était, il faut en convenir, le meilleur que l'on pût faire. A cette époque, le plus ancien des historiens de l'antiquité profane était devenu pour nous un auteur moderne. La portion de son ouvrage où brille au plus haut degré son mérite éminent d'être un voyageur instruit, judicieux et attentif, c'est sa description de l'Égypte. Dans cette région singulière, et la plus anciennement célèbre de toutes les régions de la terre, le fleuve, le climat, le sol, les plantes,

4*

les animaux, les races d'hommes et les gigantesques monu-
ments décrits par Hérodote étaient ce qu'on venait de nous
faire connaître dans un immense ouvrage. Jamais plus abon-
dant et plus magnifique festin n'avait été offert à l'avide
curiosité des érudits, et aux élucubrations des philosophes
et des sages! Nos Français ont convié l'Europe à l'étude de
l'Égypte, et l'Europe a répondu à leur appel. Une traduction d'Hérodote, lorsque Miot l'entreprit, était donc une
œuvre d'intérêt présent. L'on en possédait, il est vrai, une
justement estimée, deux fois refaite; c'était un monument
d'érudition, mais ce n'en était pas un de l'art d'écrire. Sous
ce rapport, on en convenait, il était facile de faire mieux.
Miot a fait mieux. Non-seulement il est plus clair et plus
élégant que son prédécesseur, mais les hellénistes ont jugé
que, aidé des travaux de celui-ci et de ceux qui l'ont suivi,
il était parvenu à être un interprète plus exact et plus fidèle.

Le succès de cette traduction engagea Miot à en entreprendre une autre plus difficile et plus longue, ce fut celle
de la Bibliothèque historique de Diodore de Sicile. Cet auteur lui offrait en quelque sorte le complément des notions
données par Hérodote sur l'Égypte et les plus anciens em-
pires; il ne lui présentait pas un exercice aussi agréable par
le talent d'écrivain, mais il rendait, en le faisant passer dans
notre langue, un plus signalé service à la littérature. L'infi-
dèle traduction de Terrasson avait été publiée bien avant le
beau travail de Wesseling sur cet auteur; de sorte que Miot
pouvait se flatter de pouvoir donner le premier en français,
par une complète version, un des plus importants monu-
ments historiques de l'antiquité.

Mais sa tendresse paternelle et le sentiment d'une constante amitié, qui l'emportaient de beaucoup chez lui sur
le soin de sa réputation littéraire, lui firent interrompre
son œuvre à peine commencée, pour entreprendre deux
voyages.

La veuve du général Jamin s'était engagée dans de nouveaux liens, et avait ainsi procuré à Miot un soulagement à
ses peines, par les douceurs d'une affectueuse intimité, née
de cette honorable alliance. Cette alliance donnait à sa fille,
et aux enfants de celle-ci, une nouvelle patrie. Miot fit donc,
en avril 1825, un voyage, pour conduire son petit-fils
à Stuttgard, où il devait recevoir son éducation. Mais
Miot s'était dès lors engagé à entreprendre un voyage bien
plus long, celui des États-Unis d'Amérique. Dans cette con-
trée du nouveau monde, habitait celui qui, après avoir été
en Europe roi tourmenté de deux couronnes, était devenu
citoyen tranquille et considéré d'une république. Miot n'a-
vait pas cessé d'être en correspondance avec lui, et celui-ci,
auquel le sol de la France était interdit, pressait son ami
de venir le voir. Miot promit; mais plus il vieillissait, plus
il avait visité de contrées et connu l'étranger, plus il aimait
ses compatriotes, plus il répugnait à s'aliéner même ceux
dont il ne partageait ni les sympathies, ni les opinions politiques. Il se résolut donc de n'entreprendre ce voyage qu'a-
près avoir obtenu le consentement du gouvernement; et
précisément, à cette époque, l'exaspération des partis avait
porté au plus haut degré la défiance de ceux qui étaient
chargés de la police du royaume. Heureusement que le no-
ble personnage, qui alors était ministre de la guerre, avait

4*.

combattu pour la gloire de la France, sous les ordres de l'ami que Miot voulait revoir, et que le ministre des affaires étrangères, le respectable Mathieu de Montmorency, avait été lié anciennement avec lui. Miot communiqua son projet à ces deux ministres, qui l'approuvèrent et lui facilitèrent les moyens de l'exécuter. Lorsque Miot partit et traversa l'Océan pour aller trouver un ami, il était plus que sexagénaire. Le bâtiment qui le portait, en approchant de *Long-Island*, fut assailli de nuit par une tempête et sur le point d'échouer sur un écueil. Durant cette nuit affreuse, Miot, malgré l'imminence du danger, ne put s'empêcher d'admirer un phénomène nouveau pour lui, souvent décrit par les navigateurs, mais rarement contemplé dans toute la sublime horreur qu'il offrit aux regards de Miot : c'est celui d'une mer partout lumineuse, soulevée et agitée par les vents, roulant ses flots enflammés, et mêlant, au milieu des ténèbres, ses lugubres clartés à celle des éclairs que l'orage fait sortir de la nue. Miot, échappé à ce grand péril, en abordant sur le rivage du nouveau monde, trouva l'ami qu'il était venu chercher de si loin. Celui-ci le conduisit dans le délicieux séjour de *Point-Breeze*, sur les bords de la Delaware, où Miot reconnut aussitôt le goût et l'habileté du propriétaire de Morfontaine, qui avait opéré sur une nature plus grande, plus variée, plus majestueuse. Là il trouva établis à demeure une grande partie des membres de la famille de Napoléon ; puis il entreprit ensuite avec son ami une tournée dans les divers États de l'Union. Il a écrit, de ce voyage, une relation intéressante et instructive. Tout lui plaisait en ce pays : les institutions, les hommes, les mœurs, la culture, les sites,

les plantes, sont tour à tour les objets de ses observations,
de ses descriptions et de ses éloges.

Après dix mois de séjour en Amérique, sur le rivage de
New-York, le 15 mai 1826, Miot, avec une émotion qui fut
partagée, se sépara de celui dont le sort avait eu tant d'in-
fluence sur sa destinée, et qu'il n'espérait plus revoir.

De retour en Europe, il se rendit à Stuttgard, près de sa
fille et de son gendre, dans lequel il trouva une utile assis-
tance pour ses travaux littéraires.

En 1831, Miot éprouva le besoin de rentrer dans sa patrie. Il revint s'établir à Paris; là il eut le bonheur de
se trouver, après quelques années de séparation, encore
réuni à sa fille et à son gendre. Celui-ci avait été nommé
ministre plénipotentiaire de S. M. le roi de Wurtemberg en
France, où il dut fixer son séjour. C'est au milieu des soins
pieux dont Miot fut l'objet dans sa nouvelle famille, et du
commerce des académiciens ses confrères, qu'il a terminé
presque en même temps sa laborieuse existence, et la publication de sa traduction de Diodore de Sicile.

Il avait fait paraître deux volumes de cette traduction
lorsqu'il fut nommé membre de l'Académie, le 11 février 1835.
Quoique sa qualité d'académicien libre le dispensât du devoir
de se rendre à nos séances hebdomadaires, malgré les infir-
mités de l'âge, il n'en manquait pas une; et lors même
qu'avec le secours d'un bras il ne pouvait plus marcher jusque
dans la salle des séances, il s'arrêtait et prenait place dans
celle de la bibliothèque; puis quand ses forces ne lui per-
mirent plus de gravir les marches qui conduisaient à cette
salle, il arrivait juste avant l'heure, au bas de l'escalier, et

faisait chaque fois constater le désir qu'il avait eu de se
réunir à ses confrères. Il avait fort bien compris que de tous
les titres dont il avait été revêtu, le titre d'académicien serait
celui dont la postérité se souviendrait le mieux. Il mourut
le 5 janvier 1841, et a été remplacé par M. Biot, de l'Académie des sciences.

PARIS. — TYPOGRAPHIE DE FIRMIN DIDOT FRÈRES,
IMPRIMEURS DE L'INSTITUT, RUE JACOB, 56.